Mögest du immer ein Kissen für deinen Kopf haben

Hermann Multhaupt (Hg.)

Mögest du immer ein Kissen für deinen Kopf haben

Segenswünsche aus Irland

Matthias-Grünewald-Verlag · Mainz

Fotos: MuNe-Verlag (S. 11, 13, 15, 17, 20, 22, 26, 34, 36, 39, 40, 49, 51, 55, 57, 59, 62, 71, 73, 76, 79, 81), Susanne Schneider (S. 37, 42, 64, 84, 87), Felicitas Schwabe (S. 44, 67), Hans-Joachim Wessel (S. 29, 32, 46, 48, 53)

e verlags gruppe engagement Der Matthias-Grünewald-Verlag ist Mitglied der Verlagsgruppe engagement

2. Auflage 1999

Umschlag: Kirsch & Buckel Grafik-Design GmbH, Wiesbaden
Foto: Hans-Joachim Wessel, Mainz
Druck und Bindung: Pustet, Regensburg

ISBN 3-7867-2125-4

Inhalt

Einleitung

Der erste irische Segensspruch begegnete mir auf einem Leinentuch in Form einer schönen Stickerei: »May the road rise to meet you ...« – Möge die Straße dir entgegeneilen ... – Es ist wohl der bekannteste und weitverbreitetste aller irischen Segenswünsche, der auf Ansichts- und Spruchkarten, inzwischen aber auch längst als Wandschmuck in herrlichen Lettern angeboten wird. Vielen Menschen ist auch ein weiterer Segenswunsch bekannt, der zu Weihnachten oder zu Neujahr gern verschickt wird: »Nicht, daß vor jedem Leid verschont du mögest bleiben ...«

Lange Zeit waren irische Segenswünsche in Deutschland verbreiteter als in Irland selbst. Immer wieder habe ich bei meinen Reisen auf die »grüne Insel« nach ihnen Ausschau gehalten aber entsprechende Publikationen gab es über Jahre nicht. Bis mit dem aufs neue erwachten Interesse an der keltischen und frühchristlichen Geschichte, auf die Irland heute mit Recht stolz ist, auch die Segenswünsche verstärkt in Umlauf kamen.

Woher stammen die alten irischen Segenswünsche? Viele gehen gewiß auf die durch den hl. Patrick geprägte frühirische Kirche und die in ihr aufgegangene keltische Tradition zurück. Sie sind Ausdruck einer spontanen, unkomplizierten Begegnung mit Gott, eines natürlichen Umgangs mit der Schöpfung und ihren Geschöpfen. Das Leben in der Natur, das Erleben der Naturgewalten, die Konfrontation mit dem Schicksal schufen die oft kurze, prägnante Form der Bitte und des Wunsches, die in den Sprüchen zum Ausdruck kommt. Die Menschen, die sie benutzten und teilweise heute noch gebrauchen, lassen eine einfache, direkte Art erkennen, mit dem Leben umzugehen. Der bekannte irische Kritiker und Essayist Tomás O'Rahilly schrieb einmal über sie: »Sie sind wie ein Spiegel, der die Gefühle und Gedanken des einfachen Menschen reflektiert.« Je komplizierter und distanzierter unser Leben heute ist, um so weniger beherrschen wir die ursprüngliche, unverdorbene Umgangsweise mit anderen Menschen. Wo nicht einmal mehr gegenseitig gegrüßt wird, wenn Menschen sich in einem Raum begegnen, wird man kaum einen natürlichen und von Herzen kommenden Wunsch für andere aussprechen, wie sie irische Segenwünsche beinhalten. Diese Kunst des Umgangs miteinander haben wir verlernt.

Man wird bald erkennen, wie viele Segenswünsche mit Essen und Trinken zu tun haben, mit den kleinen und großen Sorgen des Alltags und der Hoffnung auf ein glückliches Leben im Paradies. Irische Geschichte ist eine Leidens-, eine Entbehrungsgeschichte. Der Kampf um das tägliche Brot fand seine literarische Ausdrucksform in den Wünschen um des anderen oder das eigene Wohlergehen. »May« – möge – ist das wohl meistgebrauchte Wort darin. »A blessing will not fill the stomach, but take it anyhow« – ein Segensspruch füllt nicht den Magen, aber nimm ihn trotzdem mit. Nein, satt macht ein Wunsch nicht, es sei denn, er meint den Hunger der Seele, der durch die tiefgreifenden, hintersinnigen, ernsten, aber auch heiteren Segensworte ein wenig gestillt wird.

Hermann Multhaupt

Möge Gott sich mit mir erheben

Beim Aufgehen der Sonne

König des Lichtes und der Sonne,
du allein kennst den Grund unseres Lebens.
Sei jeden Tag bei uns,
sei jede Nacht bei uns,
sei jede Nacht und jeden Tag bei uns,
sei bei uns jeden Tag und jede Nacht.

Zum Vergleich einmal in Gälisch:

A Rí na gile is na gréine
Agat féin atá fios ár bhfeidhme;
Bí linn gach lá
Bí linn gach oíche,
Bí linn gach oíche is lá,
Bí linn gach lá is oíche.

Dann sei bei mir …

Gesegnete Maria,
Mutter des Königs der Barmherzigkeit,
schau am Morgen
und zu jeder Zeit des Tages
auf meine Seele.
Verläßt meine Seele den müden, erschöpften Körper,
dann sei bei mir, und hilf mir
in der Zeit meiner äußersten Not.

Segensspruch beim Anzünden des Feuers

Ich zünde das Feuer an diesem Morgen an
in Anwesenheit der heiligen Engel des Himmels,
in Gegenwart Gabriels in seiner leuchtenden Gestalt,
in Gegenwart Uriels mit seiner Macht, Wunder zu wirken.

Ich entzünde das Feuer ohne Haß, ohne Neid und Mißtrauen,
ohne Furcht, ohne Scheu vor irgendwas unter der Sonne,
denn Gottes Sohn beschützt mich.

Gott, entzünde tief in meinem Herzen
die Flamme der Liebe zu meinen Mitmenschen,
zu meinen Freunden, aber auch zu meinen Feinden,
ja, zu allen meinen Verwandten,
zu weisen, dummen und bösen Menschen.

Möge Gott sich mit mir erheben …

Ich stehe mit Gott auf,
möge Gott sich mit mir erheben.
Die Hand Gottes über mir
beim Gehen und Schlafen
und bei meiner Auferstehung.

Mögest du so leben, daß du das Leben zu nutzen verstehst

Segen sei mit dir …

Segen sei mit dir,
der Segen des strahlenden Lichtes.
Licht sei um dich her
und nicht minder in deinem Herzen.

Sonnenschein leuchte dir
und erwärme dein Herz.
Es glühe
wie ein großes Torffeuer,
an das der Fremde tritt,
um sich aufzuwärmen.

Deine Augen
mögen strahlen
wie zwei Kerzen
in den nächtlichen Fenstern
deines Hauses.
Damit der Heimatlose
näherkommt,
Schutz zu suchen
vor der rauhen Nacht.

Wer immer dir begegnet,
wenn du über die Straße gehst,
möge dein freundlicher Blick
ihn treffen.

In Dankbarkeit bewahren

Mögest du
die reichen Lebenstage
in deinem Herzen
in Dankbarkeit bewahren.
Möge die Gabe der Liebe
von Jahr zu Jahr wachsen,
damit du alle,
die dich umgeben,
mit Freude erfüllst.
Mögest du auch in Stunden des Leids
gewiß sein,
daß Gott dir zulächelt.
Suche seine Nähe.

Weihnachts- und Neujahrswunsch

Nicht, daß vor jedem Leid
verschont du mögest bleiben,
noch daß dein künft'ger Weg
stets Rosen für dich trage
und keine bitt're Träne
über deine Wangen komme
und niemals du
den Schmerz erfahren sollst.
Dies alles, nein, das wünsche ich dir nicht.

Denn kann das Herz
in Tränen nicht geläutert,
kann's nicht im Leid geadelt werden –
wenn nämlich Schmerz
und Not dich aufnimmt
in die Gemeinschaft mit Maria
und dem Kind,
so daß ihr Lächeln Zuversicht
und Trost gewährt?

Mein Wunsch für dich ist vielmehr dieser:
Mögest dankbar du und allezeit
bewahren nur in deinem Herzen
die kostbare Erinnerung der guten Dinge
in deinem Leben.

Daß mutig stehest du
zu deiner Prüfung,
wenn schwer das Kreuz
auf deinen Schultern liegt
und wenn der Gipfel,

den es zu ersteigen gilt,
schier unerreichbar scheint,
ja, selbst das Licht der Hoffnung
zu entschwinden droht.

Daß jede Gottesgabe in dir wachse
und mit den Jahren sie dir helfe,
die Herzen jener froh zu machen,
die du liebst.

Daß immer einen wahren Freund du hast,
der Freundschaft wert,
der dir Vertrauen gibt,
wenn's dir an Licht gebricht und Kraft,
daß du dank ihm
den Stürmen standhältst
und so die Höhen doch erreichst,
und daß in Freud und Leid
das Lächeln voller Huld
des menschgeword'nen Gottessohnes
mit dir sei
und du allzeit so innig ihm verbunden,
wie er's für dich ersehnt.

Möge dein Dach nie einfallen,
und mögen die, die darunter wohnen,
nie Streit bekommen.

Möge Gott sich zwischen uns und alle
Katastrophen stellen.

Gesegneter Regen

Der gesegnete Regen,
der köstliche, sanfte Regen
ströme auf dich herab.
Die kleinen Blumen
mögen zu blühen beginnen
und ihren verzauberten Duft ausbreiten,
wo immer du gehst.

Voller Sanftmut

Mögen deine Lippen voller Sanftmut sein,
lieblich und lau wie ein Abend im Sommer,
der langsam ins Laub der Bergeschen sinkt.

Möge in deinen Augen Freundlichkeit leuchten,
hell und warm wie die Sonne,
die aus Nebeln steigt und die ruhige See wärmt.

Möge rein sich spiegeln der Grund deines Herzens,
quirlend und klar wie der Quell des heiligen Brendan,
in dem die Taube ihr Bild schaut.

Möge jede deiner Taten der Weisheit erwachsen,
so wie der Weizen eines gesegneten Jahres sprießt,
sattgelb und hoch, ohne Wurm, ohne Wühlmaus.

Mögest du so lange leben, wie du möchtest, und
niemals wünschen, so lange zu leben, wie du lebst.

Was immer sehr lange braucht,
um zu dir zu kommen,
möge weit genug entfernt sein,
um erwartet zu werden.

Möge dein Partner sein eigener Herr
mit der Kraft für zwei sein.

Nimm dir Zeit …

Nimm dir Zeit zu arbeiten – das ist der Preis des Erfolges.
Nimm dir Zeit zu denken – das ist die Quelle der Macht.
Nimm dir Zeit zu spielen – das ist das Geheimnis der ewigen Jugend.
Nimm dir Zeit zu lesen – das ist die Grundlage der Weisheit.
Nimm dir Zeit, freundlich zu sein – das ist der Weg zum Glück.
Nimm dir Zeit zu träumen – sie bewegt dein Gefährt zu einem Stern.
Nimm dir Zeit zu lieben und geliebt zu werden – das ist das Vorrecht der Götter.
Nimm dir Zeit, dich umzusehen – der Tag ist zu kurz, um selbstsüchtig zu sein.
Nimm dir Zeit zu lachen – das ist Musik für deine Seele.

Um dich zu führen

Licht in deinen Augen,
Zähne in deinem Mund,
Stroh auf dem Dach.
Fleisch und Knochen an dir,
Beine und Füße unter dir,
und hinten einen Sterz, um dich zu führen.

Möge der Mann, den du heiratest, nie ein altes Weib zur Mutter haben.

Gesundheit dem, der dir gute Neuigkeiten bringt, und mögen schlechte Nachrichten dich meiden.

Möge Gott uns das schlechte Wetter ohne Verlust und Schaden überstehen lassen und auch die schlechten Zeiten unserer Seele.

Nimm die Welt ungezwungen und leicht, und möge sie es mit dir ebenso tun.

Möge Gott dich heute einen guten Mann – eine gute Frau – treffen lassen.

Neujahrswunsch

Mögest du arm an Unglück,
reich an Segen sein,
schwerfällig, um dir Feinde zu machen,
schnell, um Freunde zu gewinnen;
aber ob reich oder arm,
langsam oder schnell –
mögest du von heute an nur Glück kennen.

Möge Gott dir Glück an jedem Tag deines Lebens bringen.

Möge Gott deine Vorräte vergrößern und auch die Gesellschaft deiner Freunde.

Möge Gott dir seine Gnade schenken und deinen Wohlstand mehren, und möge er dich vor Schaden bewahren – von innen wie von außen.

Das Licht des Himmels über alle Dinge,
die vergangen sind;
mögen sie nie zurückkommen, um uns
heimzusuchen.

Wenn du weinst, mögen deine Tränen Gott so
bewegen,
wie der Sturm die Flügel einer Windmühle.

Möge dir die Größe deines Almosens in der Münze von Gottes Gnade vergolten werden.

Mögest du nie einen Strom mit braunem Wasser überqueren, ein Stück glitschigen Rasens oder den Weg einer zornigen Frau.

Gott ist gnädig, aber wenn er sich stets über uns ärgert – helfe uns der Teufel.

Möge Gott uns nicht erlauben,
etwas gegen unser Seelenheil zu tun.

Möge Gott verhüten, daß du jemals etwas hast,
das deinem Nachbarn gehört.

Mögen Gott und Maria dir das, was du gesagt hast,
vergeben.

Möge kein schlechter Gedanke in unser Herz
dringen,
der unserer Seele schaden könnte.

Mögen wir immer ein sauberes Hemd,
ein reines Gewissen und ein Pennystück
in der Tasche haben.

Mögen die treue Liebe Gottes und die Liebe unserer
Nachbarn mit uns sein.

Mögest du niemals das Licht des Himmels sehen,
bevor du bezahlt hast, was du mir schuldest.

Möge Gott dir Glück verleihen und einen
guten Mann deinen Weg kreuzen lassen,
und wenn er nicht gut ist,
möge der Hochzeits-Whiskey bei seiner
Totenwache getrunken werden.

Möge Gott die Erde segnen, auf der ich jetzt stehe.
Möge Gott den Weg segnen, auf dem ich jetzt gehe.
Möge Gott das Ziel segnen, für das ich jetzt lebe.

Mögest du so leben, daß du das Leben zu nutzen verstehst.

Möge Gott segnen, was mein Willen ist.
Möge Gott segnen, was meine Liebe tut.
Möge Gott segnen, worauf meine Hoffnung baut.

Du König der Könige,
segne, der ich bin.

Mögen wir in das Gesicht jeder guten Nachricht und auf den Rücken jeder schlechten Nachricht schauen.

Möge ich dich alt werden und noch deiner Kinderkinder Haar kämmen sehen.

Möge ich jeden Morgen wieder gut mit mir zusammenleben.

Mögen sie Moorwasser trinken,
während du den uisce beatha (Whiskey) schlürfst.

Mögest du in deinem Leben die ewige Gegenwart der Seele und ihr immerwährendes Licht entdecken.

Mögest du immer klar bei Verstand sein bei allem, was du tust.

Mögest du den Tag niemals als Last empfinden.

Möge deine Seele die ewige Herrlichkeit finden!

(Als Dank für Hilfe)

Möge Gott uns genug leibliche und seelische Kraft geben, um unser Kreuz geduldig zu tragen.

(Bei Familienunglück)

Möge alles Unglück mit ihm gehen.

(Zu einem Nachbarn, der ein Tier begraben mußte)

Mögest du niemals stehenbleiben, um die Bienen zu betrachten, ohne den Honig zu entdecken.

Herzlichen Glückwunsch zu deinem Geburtstag – und möge er dich übergehen, wenn du dadurch älter wirst.

Möge ich doch geküßt werden – von allen roten Unterröcken und zu kurz gekommenen Schürzen zwischen Kenmare und Killarney.

Daß du nie einen schlechten Tag sehen mögest, und wenn er dich sieht – nur durch eine beschlagene Brille.

Wenn mein Nachbar ein gebildeter Mensch ist,
laß mich nicht zu stolz sein,
um ihn um Licht für meine Kerze zu bitten.

Möge deine Frau niemals Kohlen verbrennen,
ohne sich selbst zu erhitzen.

Der Himmel möge verhindern, daß dir irgend etwas zustößt.

Möge heute der erste Tag der besten Jahre deines Lebens sein.

Mögen die Stunden, die du im Bett verbringst,
nur Stunden der Ruhe und des Schlafes sein,
und mögen diese Stunden erholsam und ungestört sein.

Möget ihr ein langes Leben haben
und glückliche Tage,
und möget ihr nicht aus diesem Leben scheiden,
bevor euer Kind entwöhnt ist.

Möge Gott deine Vorräte wachsen lassen und
die schonen,
die gegen dich etwas einzuwenden haben.

Möge St. Petrus dich nie bitten, ein Feuer auf einem See zu entzünden oder einer eigensinnigen Frau zu raten.

Möge Gott die Dinge bald besser werden lassen.

Möge dich der Himmel mit guten Freunden segnen.

Mögest du lernen, dir selbst ein guter Freund zu sein.

Möge alles, was dir gehört, leben und nie den Geruch eines öligen Lappens annehmen!

Wer sich an der Welt freut, besitzt sie wie ein eigen Kleid.

Gott ist gut – aber tanze nicht in einem kleinen Boot.

… für deine Hände immer etwas zu tun

Bei einer Arbeit

Mögen Gott und Maria ihren Segen auf unserer gesamten Arbeit ruhen lassen.

In Gälisch:
Go gcuire Dia is Muire an rath ar ár gcuid oibre.

Gebet beim Brotbacken

Die Gnade Gottes und die Gunst St. Patricks
über alles, was ich sehe und tue.
Den Segen, den Gott über die fünf Brote
und zwei Fische sprach,
möge er über diese Speise sprechen.

Eine andere Version:

Die Freigebigkeit Gottes und den Segen Patricks
über alles,
was ich sehe und empfange.
Der großzügige Gott gab fünf Brote
und zwei Fische.
Möge er auch zu diesem Brot, das ich backe,
seinen Segen geben.

In Gälisch:

Rath Dé agus bail Phádraig
ar a bhfeicfidh mé agus ar nglacfaidh mé.
An rath a chuir Dia ar an gcúig arán agus ar an dá iasc,
go gcuire sé ar an mbeatha seo.

Mögest du Arbeit haben ...

Mögest du dein Leben lang Arbeit haben,
für deine Hände immer etwas zu tun.
Mögest du stets Geld in der Tasche haben,
eine kleine Münze, vielleicht auch zwei.
Möge das Licht der Sonne
immer auf dein Fenstersims scheinen
und in deinem Herzen die Gewißheit sein,
daß ein Regenbogen dem anderen folgt.
Möge die gute Hand eines Freundes
dir stets nahe bleiben.
Möge Gott dein Herz reich machen
und dich mit Freude erfüllen.

Segne die Früchte

O Gott, segne die Früchte dieser Erde.
Möge Gott der Saat, die wir der Erde anvertrauen, Blüte und Frucht geben.
Möge die Arbeit deiner Hände, o Herr, über diesem Jahr sein.
Möge Gott deine Ernte segnen und reich sein lassen.

Wenn ein Mann beim Pflügen ist,
sollte niemand den Pfad der Pferde kreuzen.

Möge Gott deine Vorräte vermehren und jene retten, die dir deinen Wohlstand mißgönnen.

Den Segen Marias

Den Segen Marias,
den Segen Gottes,
den Segen der Sonne,
des Mondes und der Sterne,
des Mannes im Osten, des Mannes im Westen,
mein Segen für dich – sei gesegnet!

(Beim Melken)

Mögen die Löcher in deinen Netzen nicht größer sein als der Fisch in ihnen.

(Segenswunsch für einen Fischer)

Möge ein Fuchs an deinem Angelhaken sein und ein Hase als Köder.

(Segenswunsch für einen Fischer)

Möge Gott dir Glück verleihen,
und möge der Fisch der größten See sich dir zuwenden.
Mögen Gott und Maria dich beschützen.

(Fischersegen)

Die Früchte deiner Hand, o Gott,
für diese Jahresernte!

(Beim Ausgraben der ersten neuen Kartoffeln)

Melksegen

Gott segne deine Kuh,
möge er dein Kalb zweimal segnen.
Komm, Maria, setz dich,
komm, Brigid, und melke,
komm, verehrter Erzengel Michael,
und segne dieses fette Vieh
im Namen des Vaters
und des Sohnes
und des Hl. Geistes.

Möge deine Hand, o Herr, über unserer Arbeit in diesem Jahr sein.

Möge dir deine Arbeit niemals lästig werden.

Möge Gott uns dieses Jahr vor Krankheiten bewahren

Mögest du immer Nahrung, Kleidung und ein Kissen für deinen Kopf haben.

Mögest du dem Galgen entkommen, nicht ins Elend fallen und so gesund sein wie eine Forelle.

Mögen starkes Kopfweh und kleines Fieber immer einen großen Bogen um dich machen.

Frieden dir in deine Hand
und Gesundheit allen, die sie schütteln.

Oder:
Friede deiner Hand
und Gesundheit allen, denen du sie reichst.

Möge Gott deinen Besitz vermehren, vor allem aber deine Gesundheit.

Mögest du den Appetit eines Pferdes haben. Das ist besser, als zu viel zu essen.

Gute Gesundheit dem Überbringer guter Nachrichten – und mögen schlechte Nachrichten von dir ferngehalten werden.

Möge der Herr und König, der Wein aus Wasser machte, dir Kraft und Geist in diesem Schluck Wasser geben.

Oder:
Möge der, der Wein aus Wasser machte auf der Hochzeit zu Kana, Stärke und Geist in dieses Wasser geben.

Oder:
Möge der, der bei der Hochzeit zu Kana Wein aus Wasser machte, diesem Wasser Stärke und Kraft beigeben.

Möge Gott dafür sorgen, daß alle Krankheiten an dir vorübergehen.

Möge Gott dich auf deinen Füßen stehen lassen.

Möge Gott uns dieses Jahr vor Krankheiten bewahren.

Mögest du so gesund sein, daß du die Gesundheit genießen kannst.

Möge Gott unsere Seele und unseren Körper schützen, damit wir voll Geduld unsere Last tragen können.

Möge Gott dir den Gebrauch deiner Glieder lassen.

Zauber gegen den Hexenschuß

Möge St. Peter ihn von mir nehmen
und auch St. Paul,
möge Michael ihn wegnehmen
und auch Johannes,
möge Moleesha ihn mitnehmen
und Mweelin –
diese Pein in meinem Rücken,
diesen wilden Schmerz.

Deine gute Gesundheit wünsche ich jedermann,
und wenn eine Person sie nicht möchte,
soll sie kein Blatt vor den Mund nehmen.

Oder:
Deine robuste Gesundheit wünsche ich allen Menschen, und wenn irgend eine Person sie nicht wünscht, soll sie es laut sagen.

(Trinkspruch)

Deine gute Gesundheit
den Feinden deiner Feinde!

(Trinkspruch)

Gute Gesundheit, und mögen
deine Pfeifen nie ausgehen!

(Trinkspruch)

Öle deine Kehle, und mögen
wir nie an Trockenheit sterben!

(Trinkspruch)

Möge Gott weder deine Gesundheit beeinträchtigen, deine Vorräte schmälern noch deine Arbeit verringern.

Möge Gott dich heilen, und möge kein Schaden auf dich kommen.

Segne dich und deine Familie,
und möge jedes Glied deines Körpers
so stark sein wie St. Fiannas Stock.

Mögest du nie den Boden deines Topfes sehen

Das Glück Gottes

Das Glück Gottes,
das Wohlergehen Patricks über alle,
die ich sehe, und über alle,
für die ich sorge.
Möge Gott diesem Brot das Glück gewähren,
das er den fünf Broten
und zwei Fischen verliehen hat.

Segne uns, o Gott …

Segne uns, o Gott,
segne unser Essen und unseren Trank.
Da du uns so teuer losgekauft
und von der Sünde befreit hast,
und weil du uns Anteil an dieser Speise gabst,
mögest du uns auch Anteil am ewigen Leben geben.

Möge Gott deinen Milchertrag und die Zahl derer, die sie geben, vergrößern.

Gott segne die, die Milch geben, und die Frau, die sie teilt. Gott schütze die Milchkuh und den, der sich um sie kümmert.

Möge Gott diese Milch sich vermehren lassen und ihre mütterliche Quelle für dich.

Segen der fünf Brote

Möge der Segen der fünf Brote und zwei Fische, die Gott unter fünftausend Menschen aufteilte, auch über uns kommen, und möge der König, der teilte, uns zu unserer Nahrung und unserer Portion ein Töpfchen voll Glück gewähren.

Mögest du niemals die schwere Last eines leeren Magens tragen müssen.

Mögest du nie den Boden deines Topfes sehen.

Nach einer Mahlzeit

Hundert Heiligenscheine für dich,
freundlicher Gott des Himmels,
der du uns diese Nahrung schenktest
und den gesunden Menschenverstand,
sie zu verzehren.
Schenk unseren Seelen Gnade
und himmlische Herrlichkeit
und uns und den Armen ein Leben ohne Sünde.

Möge Gott dir von der Quelle, die nie austrocknet,
zu trinken geben.

Große Fässer voll Fröhlichkeit

Die Männer des Himmels
mögen bei mir zu Gast sein.
Große Fässer voll Fröhlichkeit
möchte ich ihnen kredenzen.
Sie sollen lustig sein beim Trinken.
Auch Jesus soll mein Gast sein.
Einen Lough voll Bier
braue ich für den König der Könige.
Möge die Heilige Familie
bei mir trinken in alle Ewigkeit.

Möge Gott deine Vorräte vermehren und jene retten, die dir deinen Wohlstand mißgönnen.

Möge Gott dir deinen Teil Nahrung geben und dem Gast, so lange du lebst, und später auch deiner Familie.

Auf einen neuen Schluck, und möge St. Petrus denken, daß er Tee sei!

(Trinkspruch)

Möge der Wind immer in deinem Rücken sein

Beim Hinausgehen

Der Gürtel Christi umspanne mich beim Weggehen
und Wiederkommen.
Im Namen Gottes, der die Wege der Wellen machte,
möge er uns sicher nach Hause zurückbringen
am Ende des Tages.

Gott segne …

Gott, segne jeden Schritt,
den ich mache,
und segne den Grund
unter meinen Füßen.

Reisesegen

Möge die Straße dir entgegeneilen,
möge der Wind immer in deinem Rücken sein.
Möge die Sonne warm auf dein Gesicht scheinen
und der Regen sanft auf deine Felder fallen.
Und bis wir uns wiedersehen,
halte Gott dich im Frieden seiner Hand.

Gott sei auf deinem Weg,
auf allen Straßen, die du gehst.

Möge der Wind immer in deinem Rücken sein, besonders, wenn du Samstag nachts nach Hause kommst.

Wenn Gott dich auf einen steinigen Pfad schickt, möge er dir feste Schuhe geben.

Tausend Segen von Gottes Segen seien mit euch. Der Segen Gottes sei mit euch und mit mir.

Möge Gott eure Reise beschleunigen.

Möge Gott sehen, daß die Reise Nutzen bringt.

Möge Gott dich auf deiner Reise begleiten,
und mögest du sicher ins himmlische Königreich
gelangen.

Möge Gott dich begleiten und
sicher wieder nach Hause bringen.

Möge der Weg sich dir öffnen,
und möge Gott mit dir sein.

Möge dreifache Kraft dich
auf deiner Reise begleiten.

Möge deine Reise dir entgegenkommen,
und möge Gott dir Glück verleihen.

Möge Gott vor dir hereilen

Möge Gott auf dem Weg,
den du gehst,
vor dir hereilen –
das ist mein Wunsch für dich
und deine Lebensreise.
Mögest du die hellen Fußstapfen
des Glücks finden
und ihnen mit deinen Schritten folgen.

Oder:
Lebensreise

Möge Gott dir auf dem Weg,
den du gehst,
vorauseilen –
das ist mein Wunsch
für deine Lebensreise.
Mögest du
die hellen Fußstapfen des Glücks
auf deinem Weg finden
und ihnen immer folgen.

Möge deine Reise ohne Gefahr und
deine Ankunft vom Glück gesegnet sein.

Möge Gott dich sicher zurückbringen
und dir alles erdenkliche Glück verleihen.

Segne mich, auch wenn ich die Hände in den Schoß lege

Siebenmal sieben Gebete

Siebenmal sieben Gebete.
Maria mit ihrem Sohn,
Brigid mit ihrem Mantel,
Michael mit seinem Schild und
Gott mit seiner Macht seien
zwischen mir und dem Feuer,
das mich ersticken möchte,
zwischen mir und dem Wasser,
das mich ertränken möchte,
zwischen mir und dem Tod,
der plötzlich kommt,

um mich zu bewachen,
um mich zu retten,
um mich zu beschützen und zu verteidigen.

In Gälisch:

Seacht bpaidreacha faoi sheacht,
a chuir Muire lena Mac,
A chuir Bríd faoina brat,
a chuir Micheál faoina sciath,
A chuir Dia faoina neart,
Idir mé agus tine mo mhúchta,
Idir mé agus uisce mo bháite,
Idir mé agus bás obann,
Le mo chumhdach, le mo shábháil,
Le mo chosaint agus le mo ghardáil.

Möge Gott segnen ...

Möge Gott die Erde segnen, auf der ich jetzt stehe.
Möge Gott den Weg segnen, auf dem ich jetzt gehe.
Möge Gott das Ziel segnen, für das ich jetzt lebe.

Du ewiger Gott, du von alters her.
Segne mich, auch wenn ich die Hände in den
Schoß lege.

Möge Gott segnen, was mein Willen ist.
Möge Gott segnen, was meine Liebe tut.
Möge Gott segnen, worauf meine Hoffnung baut.

Du König der Könige,
segne, der ich bin.

Drei Dinge

Drei Dinge sind von Gott, und diese drei Dinge erzählte Maria ihrem Sohn, denn sie hörte sie im Himmel:
ein Wort der Barmherzigkeit,
ein gesungenes Wort
und ein gutes Wort.
Möge die Kraft dieser drei heiligen Dinge stets allen Männern und Frauen Irlands eigen sein.

O König des Sonntags, komm mir zu Hilfe und verhindere jeden bohrenden Schmerz.
Glänzender Ritter des Montags, sei immer treu, deinen Schutz möge ich niemals entbehren.
O König des Dienstags mit dem liebenden Herzen, beschütze mich am Tag des Gerichts.
O König des Mittwochs, laß mich nicht in der Sklaverei wohnen, weit weg von meinem Volk.
O König des Donnerstags, ich bitte um Vergebung, weil ich deine ehrenhaften Gesetze durch die Sünde gebrochen habe.
O König des Freitags, führe nicht Buch über jede vorsätzliche Tat, jede dumme Torheit.
O König des Samstags, ich bete immer zu dir, daß du mich sicher an Scharons Küste steuerst;
möge dein Kreuzesopfer mich beschützen und lenken
– im Paradies, für alle Ewigkeit.

Sei einfach da

Du Gott voller Treue,
du liebender Gott voller Gnaden,
segne mich gegen alle Flüche,
bewahre mich vor allem Zauber,
du Gott des Lebens voll Mitgefühl.

Verzeihe mir
meine übermütigen Reden,
meine leichtsinnigen Schwüre,
meine dummen Taten,
mein leeres Geschwätz.

Du warst am Anfang,
als meine Wege begannen,
sei auch da
am Ende meines Weges.

Du warst bei mir,
als meine Seele sich formte,
sei, Vater, auch
für meinen Lebensweg das Ziel.

Sei einfach da,
zu aller Zeit,
ob ich liege oder stehe,
schlafe oder wache,
und bleibe bei denen,
die ich liebe.

Möge Gott uns nicht erlauben, etwas gegen unser Seelenheil zu tun.

Möge kein schlechter Gedanke in unser Herz dringen, der unserer Seele schaden könnte.

Den Frieden Gottes für alle

Gott segne die Ecken dieses Heimes,
und sei auch der Haussturz gesegnet.
Segne den Stuhl vor dem Kamin
und auch den Tisch.
Und segne jeden Ruheplatz.
Segne jede Tür, die sich dem Fremden,
den Freunden und Verwandten weit öffnet;
segne jede leuchtende Fensterscheibe,
die den Sonnenschein hereinläßt.
Segne oben das Gebüsch auf dem Dach,
segne jede solide Mauer.
Den Frieden der Menschen, den Frieden der Liebe,
den Frieden Gottes für alle.

Drei Falten in meinem Gewand

Drei Falten in meinem Gewand,
doch trage ich nur ein Kleid,
drei Gelenke in einem Finger,
doch ist nur ein Finger da,
drei Blätter im Klee,
jedoch sehe ich nur ein Kleeblatt.
Frost, Eis und Schnee
sind endlich nichts anderes als Wasser,
drei Personen in Gott,
doch gibt es nur einen Gott.

Zwischen dir und allem Bösen

Mögen Christus und seine Heiligen
zwischen dir und allem Bösen stehen;
Maria und ihr Sohn,
Patrick mit seinem Stab,
Martin mit seinem Mantel,
Brigid mit ihrem Schleier,
Michael mit seinem Schild –

und Gott über allen mit seiner starken rechten Hand.

Möge Gott auf deinem Kissen ruhen

Möge Gott bei dir auf deinem Kissen ruhen,
dich schützend in seiner hohlen Hand halten.
Deine Wege mögen dich aufwärts führen,
freundliches Wetter begleite deinen Schritt.
Wind stärke dir deinen Rücken –
und mögest du längst im Himmel sein,
bevor der Teufel merkt, daß du tot bist.

Tausend Segen ...

Meine tausend Segen und der Segen Gottes für dich,
und mögest du niemals etwas nötig haben.

Wenn Gott den Menschen mißt, legt er das Maßband nicht um den Kopf, sondern um das Herz.

Wenn Gott dich ruft, schau nicht über deine Schulter, um zu sehen, wer sonst noch kommt.

Möge Gott euch unter seinen Schutz stellen und unter den Schutz der heiligen Frauen – bis wir uns wiedersehen.

Möge Gott dich in seiner Hand halten,
aber nie seine Faust zu fest zumachen.

Der Sternenanzünder

Der Sternenanzünder
eilt über die Gipfel der Wolken,
die Sänger der himmlischen Chöre loben ihn.

Vom Vater droben
eilen sie herab,
Harfe und Liederharfe
erklingen ihm zur Ehre.

Du meiner Liebe Zuflucht,
Christus,
soll nicht auch ich deinen Ruhm verkünden?
Engel und Heilige singen gemeinsam dir zur Ehre.

Du Sohn Marias,
voll der Gnaden,
von makelloser Reinheit, du bist schön.
Ich lebte mit Freuden
in den bezaubernden Gefilden deiner Herrlichkeit.

O Christus, geliebter Gott,
du Christ vom heiligen Blut,
ich preise dich
bei Tag und Nacht.

Der Vater im Himmel
und der Sohn, der Schmerzen litt,
der Hl. Geist, der uns stärkt,
und die hl. Jungfrau mögen dich segnen
bei allen deinen Mühen.

Alice Mary Cowley
John James Cowley

Möge deine Stimme immer lauter klingen
als jede andere,
damit Gott in seiner Sorge um dich nicht
nachläßt oder deine Gesellschaft vergißt.

Mögest du niemals den Willen Gottes fürchten.

Gott segne euch, und der Segen der Heiligen
und mein eigener Segen seien mit euch.

Ich sehe den Mond, der Mond sieht mich;
Gott segne den Mond, und Gott segne mich.

Möge Gott immer nur mit süßen Worten
von dir sprechen.

Möge Gott niemals das Leben in unseren
Adern verringern.

Möge das Kreuz Christi zwischen mir und dem
Feind meiner Seele und meines Körpers sein.

Gottes Hilfe sei dir immer näher als die
nächste Tür.

Mögen Gott und seine heiligen Frauen dich beschützen, bis du wiederkommst.

Gott sei mit mir!
Gott sei mit mir!
Gott und Maria seien mit mir!

In Gälisch:

Dia liom!
Dia liom!
Dia agus Muire liom!
(Wenn man drei Prisen Schnupftabak nimmt)

Maria und ihr Sohn,
Brigid und ihr Mantel,
Gott und seine Stärke
zwischen dir und der Pest.

Möge dein Aufenthalt dir gefallen!
(Zu jemandem, der nach Hause zurückkehrt)

Christus sei mit mir,
Christus sei in mir,
Christus sei hinter mir,
Christus sei vor mir,
Christus sei neben mir,
Christus sei unter mir,
Christus sei über mir,
Christus sei bei mir in Frieden,
Christus sei bei mir in Gefahr,
Christus sei im Herzen aller, die mich lieben,
Christus sei im Mund aller, die mich hassen.

Der König der Welt,
der König des Lichtes,
der König des Himmels und des Paradieses,
der König der Heiligen,
geboren in einem Stall,
segne alle hier!

(Wenn man am Heiligabend ein Haus betritt. Die Antwort lautet: Möge derselbe König dich segnen!)

Deinen Segen, o Gott, zwischen Esel und Kuh,
deinen Segen für das Kind, den edlen Prinzen,
deinen Segen vom Himmel für das Haus des Geburtsschmerzes,
deinen Segen für die Heiligen Drei!

(Weihnachtssegen)

Mögest du mit allen Heiligen im Himmel tanzen

Den Willen Gottes tun …

Laßt uns den Willen Gottes tun,
laßt uns das Leben der Heiligen verdienen,
laßt uns die Stimme der Engel hören
und das Licht des Himmels sehen.

Beim Vorübergehen an einem Friedhof

Meine Segenswünsche für dich,
du getreues Volk Christi,
das du hier
die glorreiche Auferstehung erwartest.
Möge er, der deinetwegen litt,
dir ewige Ruhe gewähren.

Für einen glücklichen Tod

Wenn deine Augen sich schließen
und dein Mund sich öffnet,
alle Sinne schwinden,
wenn dein Herz erkaltet
und deine Glieder steif werden –
an jenem Tag erquicke Gott deine Seele.

Gottes Segen ruhe auf den Seelen der Verstorbenen,
und mögen wir noch viel Zeit haben,
bis wir ihnen folgen.

Für jede Seele ...

So reichlich wie das wachsende Gras,
oder der Sand der Küste,
oder der Tau in der Landschaft –
so seien die Segenswünsche des huldvollen Königs
für jede Seele, die war, ist und sein wird.

Möge seine Seele an der rechten Hand Gottes ausruhen.

(Segenswunsch für einen Toten)

In Gälisch:
Ar dheas Dé go raibh a anam.

Möge Gott dir einen großzügigen Anteil an der Ewigkeit gewähren.

Möge das Gras auf dem Weg zur Hölle langsam wachsen.

Für Christus die Saat,
für Christus die Ernte,
in Gottes Scheune
mögen wir uns treffen.

Wenn du am Gasthaus des Todes ankommst,
hoffe ich, daß es geschlossen ist.

Möge St. Michael einen Silberblick
und der Teufel keine Gewichte haben
am Tage deines Gerichtes.

(Von St. Michael wird gesagt, daß er die guten Taten wiegt, der Teufel die schlechten)

Mögest du und die deinen am weitesten vom Grab entfernt sein.

Möge in der Stunde unseres Todes das Strohbett im Himmel für uns bereitet sein.

Möge dir die Barmherzigkeit und Gnade zuteil werden,
einen Tod ohne Sünde zu sterben;
und mögen die Gerechtesten dir vorausgegangen sein,
bevor du ihren Anteil
an der ewigen Herrlichkeit erhältst.

Möge Gott dir einen Platz in der Welt dort oben geben.

Mögest du Gnade und Erbarmen finden, ohne Sünde sterben, und mögen die gerechten Männer, die vor uns gestorben sind, ihren Teil an der ewigen Herrlichkeit erhalten.

Möge Gott dich aus der nimmer versiegenden Quelle trinken lassen.

Mögest du glücklich sein und nicht in Sünde sterben, und möge dir kein Unglück geschehen, weil du mit einem Armen geteilt hast.

EGAN

Mögest du leben und einhundert Jahre alt werden und ein Jahr dazu für die Buße, damit du für immer im Himmel weilst.

Oder:

Dein Leben währe hundert Jahre und ein Jahr extra – um die hundert wieder gutzumachen.

Möge Gott uns nicht zu sich rufen, wenn wir in Sünde leben.

Möge der Segen unseres lieben Gottes mit den Seelen der Toten sein und mit unserer eigenen.

Möge seine Seele zur Rechten Gottes sein und Gottes Mantel sie schützen.

Möge Gott das Himmelslicht für ihn entzünden.

Möge die arme Seele auf deiner geschützten Seite sein, o Herr.

Wenn jeder andere zu rennen beginnt, ist es deine Zeit zu gehen.

Möge Gott uns zu essen geben, wenn wir hungrig sind, Geld, wenn wir es nötig haben, und den Himmel, wenn wir sterben.

Mögest du mit allen Heiligen im Himmel tanzen, mit Ausnahme von einem – mit St. Vitus.

(In Anspielung auf den sogenannten »Veitstanz«)

Möge Gott verbieten, daß wir schlecht über die Toten sprechen.

Mögen unsere Sünden nicht zu groß sein,
und möge unsere Reue nicht zu spät kommen.

Möge ich leben, bis ich alt bin,
und dem Gott dienen, der im Himmel herrscht,
und möge ein herzliches Willkommen mich
erwarten im ewigen Paradies.

Möge es dir gelingen, jenen Ort der Seele zu erreichen, der von Liebe, Wärme und Nähe überfließt und wo dich Vergebung erwartet.

Mögest du den Abend heiter und zufrieden erwarten, und mögest du behütet und gesegnet in die Nacht eintreten.

Gebet für die Toten

Gott sei gut zu ihren Seelen,
und bleibe bei ihnen.
Gott gebe ihren Seelen Ruhe,
und sei ihnen barmherzig.

Sieben Füllungen von Patricks Insel,
sieben Füllungen von Christi Grab,
von den Segenswünschen des guten Gottes
auf deine Seele
und auf die Seelen der sieben Generationen vor dir.

(Beim Schnupfen von Tabak während einer Totenwache)

Möge der Tod dich am Ende eines langen Lebens heiter empfangen.

Möge deine Seele in der Umarmung Gottes verschmelzen.

Möge Gott auf deinem Kissen ruhen

Abendsegen

Mögen wir uns diese Nacht
mit dir zum Schlaf niederlegen, o Gott.
Möge Gott sich mit uns schlafen legen.
Möge der Sohn, der uns an diesem Tag sicher führte,
uns diese Nacht sicher geleiten.
Möge der Sohn, der uns erlöste,
uns in seine Obhut nehmen.

Ich lege mich nieder ...

Ich lege mich nieder mit meinem lieben Gott,
möge der liebe Gott sich mit mir niederlegen.
Die beiden Hände Gottes auf meiner Decke.
Ein Kreuz aus Engeln sei heute Nacht über mir
vom Kopf bis zu den Fußsohlen,
und bis zu einem Jahr von heute Nacht an
und natürlich in dieser Nacht auch.

Ein Kind geht schlafen

Möge Gott dich segnen, Kind.
Ich empfehle dich der Fürsprache Marias
und ihres Sohnes,
der Obhut Brigids und ihres Mantels
und dem Schutz Gottes in dieser Nacht.

Beim Anzünden des Lichtes

Du Erlöser, mögest du
jeder armen Seele, die diese Welt verlassen hat,
und jeder armen Seele, für die wir bitten möchten,
himmlisches Licht geben.

Beim Löschen des Lichtes

Möge Gott das Himmelslicht nicht ausblasen,
weder unseren Seelen,
noch den Seelen der Toten,
die vor uns gingen im Zeichen des Glaubens.

Neumond

Der heutige Tag bescherte uns den Neumond.
Er hat uns bei guter Gesundheit angetroffen.
Mögen wir bei guter Gesundheit sein,
wenn er geht und wiederkommt.

Ein Bett des Friedens

Möge das Bett,
in dem wir schlafen,
ein Bett des Friedens und der Ruhe sein,
und mögen wir am Morgen aufstehen
in der bleibenden Obhut Gottes.

Vor dem Einschlafen

Ich mache dieses Bett für die Nacht zurecht
im Namen des Vaters,
des Sohnes
und des Hl. Geistes.
Im Namen der Nacht,
in der wir gezeugt wurden,
im Namen des Tages,
an dem wir getauft wurden,
im Namen jedes Heiligen und Apostels
im Himmel.

Mein Bett besitzt vier Ecken,
und über ihm schweben vier Engel.
Matthäus, Markus, Lukas und Johannes.
Gott segne das Bett, in dem ich liege.
Wenn irgend etwas Böses sich mir nähert,
wecke mich auf, heilige Maria.
O Gott, ich vertraue dir meine Seele an.

Möge Gott dich sicher durch den Schlaf bringen
in dieser Nacht – bis morgen früh.

Mögen Gott und Maria uns retten und vor allem Bösen bewahren, das uns in der Nacht widerfährt.

Duft und Segen, Nacht und Tag über dich!

Laß deinen Ärger mit der Sonne untergehen, aber nicht wieder aufgehen.

Warme Worte

Mögest du warme Worte haben
an einem kalten Abend,
Vollmond in einer dunklen Nacht
und eine sanfte Straße
auf dem Weg nach Hause …

Tiefer Frieden

Den tiefen Frieden im Rauschen der Wellen,
den wünsche ich dir.

Den tiefen Frieden im schmeichelnden Wind,
den wünsche ich dir.

Den tiefen Frieden über dem stillen Land,
den wünsche ich dir.

Den tiefen Frieden unter den leuchtenden Sternen,
den wünsche ich dir.

Den tiefen Frieden vom Sohn des Friedens,
den wünsche ich dir.

Möge Gott vor dir hergehen …

Möge Gott vor dir gehen,
um dir den rechten Weg zu zeigen.
Möge Gott neben dir sein,
um dich in die Arme zu schließen
und dich zu schützen gegen Gefahren
von links und rechts.
Möge Gott hinter dir sein,
um dich vor dem Hinterhalt böser Menschen
zu bewahren.
Möge Gott unter dir sein,
um dich aufzufangen, wenn du fällst,
und dich aus der Schlinge zu ziehen,
wenn Gefahr droht.

Möge Gott in dir sein, um dich zu trösten,
wenn du traurig bist.
Möge Gott um dich sein, um dich zu verteidigen,
wenn andere über dich herfallen.
Möge Gott über dir sein, um dich zu schützen.
Möge Gottes Macht dich aufrechterhalten.
Möge Gottes Auge auf dich schauen.
Möge Gottes Ohr dich stets hören.
Möge Gottes Wort immer für dich sprechen.
Möge Gottes Hand auf dir ruhen.

Literatur zum Thema

Padraic O'Farrell: »Before the devil knows you're dead«. Irish Blessings. Toasts and Curses. Mercier Press, Cork/Dublin 2.

Alexander Carmichael: »Das Kreuz in der Sonne«. Altkeltische Sprüche und Gebete. Kaiser Traktate. Chr. Kaiser Verlag, München.

H.C. Artmann: »Der Schlüssel des hl. Patrick«. Religiöse Dichtungen der Kelten. Otto Müller Verlag, Salzburg.

Pádraig O Fiannachta/Desmond Forristal: »Saltair«. Prayers from the Irish Tradition. The Columba Press, Dublin.

Pat Fairon: »Irish Blessings« – Irish Prayers und Blessings for all occasion. Illustrated by Joanna Martin. The Appletree Press, Belfast.

Wolfgang Poeplau: »Der Gott der Iren und Kelten«. Pattloch Verlag, Aschaffenburg/Augsburg.

Jason S. Roberts: »Irish blessings, toasts & traditions«. The Mercier Press, Dublin 1.

Hermann Multhaupt: »Möge der Wind immer in deinem Rücken sein«; »Möge Gottes Wille hundertmal willkommen sein«; »Möge Gottes rechte Hand unter deinem Haupte sein«. Alte irische Segenswünsche. Bergmoser + Höller Verlag, Aachen.

Hermann Multhaupt: »Möge die Straße dir entgegeneilen«. Matthias-Grünewald-Verlag, Mainz.

Paul Werner Scheele: »Du bist unser alles«. Echter Verlag, Würzburg.